MISERERE

Bibliografische Information der Deutschen Nationalbibliothek

Die Deutsche Nationalbibliothek verzeichnet diese Publikation in der
Deutschen Nationalbibliografie; detaillierte bibliografische Daten sind
im Internet über http://dnb.dnb.de abrufbar.

© 2024 Jung und Jung, Salzburg
Alle Rechte, einschließlich der Vervielfältigung, Veröffentlichung,
Bearbeitung und Übersetzung, bleiben vorbehalten
Umschlagbild: Detail Drittes Wandelbild, Isenheimer Altar
(Versuchungen des hl. Antonius)
Umschlaggestaltung: BoutiqueBrutal.com
Druck und Bindung: GGP Media GmbH, Pößneck
ISBN 978-3-99027-407-1

HELENA ADLER

Miserere

Drei Texte

Ein guter Lapp in Unterjoch

Dort, am Fuße der Goldberggruppe, wo das Gebirge seinen letzten Anlauf nimmt, genau in einer Höhe von eintausendundsechshundert Metern, wohnt Josef in einem bescheidenen Mietszimmer, das aus nichts weiter besteht als Sand, Kies und Zement. Da liegt er mit seinem drahtigen Gestell in einem alten Holzbett, das sich nur aus Brettern und einer Matratze zusammensetzt. Die Matratze entspricht der Standardgröße von neunzig mal zweihundert. Er selbst fällt mit seinen Einmerachtzig nicht aus dem Rahmen. Eigentlich möchte er kurz ruhen. Dafür hat er aber keine Zeit. Die Schaumstoffmulde ist noch warm, wenn er sie um fünf Uhr dreißig verlässt. Tagsüber ist das Bett unbewohnt. Die kalkweiße Wäsche darauf, pedantisch gefaltet, friert ein bisschen vor Einsamkeit. Das tut Josef nur ein kleinwenig leid, denn ausnahmslos die Faulenzer rasten untertags in ihren Kisten, sagt er neckisch zum Bettgestell, das seine Katze ist, während er ihm über das Fußteil streicht und es zu schnurren beginnt. Er scheuert sein Gesicht mit groben Händen, an denen fünf

Stahlspäne sitzen, und spült es mit klarem Wasser ab, bevor es zu rosten beginnt. Bei der Gelegenheit riskiert er ein Auge in den Spiegel, das andere haftet bereits an der Uhr. Doch die Zeit lässt sich nicht ablesen. Seit ein paar Tagen sieht er verschwommen. Er sperrt mit einem alten Eisenschlüssel die Tür zu seiner Kemenate ab. Die Baustelle schreit schon nach ihm.

Eine klassische Schönheit ist er nicht, der Josef, denn wenn er schön wäre, hätte er ja auch nicht die Probleme mit den Frauen, die eigentlich gar keine sind, weil wo nichts ist, da kann es auch keine Umstände geben. Das Gesicht ist hohlwangig, über den Augen trägt er grobe Wülste, der Mund zieht einen langen dünnen Strich von einem Ohr zum anderen. Die Nasenwurzel breit, die Nüstern groß. Nur die Augen sind geradlinig, ein wenig anhänglich, sobald es irgendwas zum Sich-anhängen gibt. Aber viel zu weit auseinander. Ein bisschen erinnert er an eine magere Herbstkatze, meinen die Unterjocher, die Talbewohner. Eine vom Spätwurf, die den Winter nicht übersteht. Eine, die von kräftiger Bauernhand an die Wand geschleudert wird, bis ihr das Genick bricht.

Josef reibt sich den Nacken. Nicht mehr lange, dann wird er endlich eine längere Pause einlegen. Seine Kopfschmerzen lassen ihn verstummen. Reden kann er sowieso nicht, das sagen ihm die Unterjocher, wenn er schweigt. Bevor er Halt macht, hat er aber noch Einiges zu erledigen. In seiner Funktion als Hochzeitslader, ein Amt, das seine Familie seit Generationen bekleidet, macht er keine Fehler, und der Holzstock, dessen Unterseite in einem Eisenstück steckt, gibt dem alten Hasen Sicherheit. Im Zweifelsfall versteckt er sein Gesicht hinter den darauf angebrachten weißen Bändern, die mit Initialen und Namen der Brautpaare übersät sind und ihm einen göttlichen Rauschebart verleihen. Sein Kostüm, das aus Strümpfen, Lederhose, Mantelkleid und einem schwarzen Hut mit Feder besteht, winselt ungeduldig vor jeder Hochzeitsjagd, sobald er es aus dem Kasten lässt. Wie gerne würde er einen Säbel tragen, wie im siebzehnten Jahrhundert noch üblich, um die Fährte der Brauträuber aufzunehmen, träumt Josef wagemutig, während er schon Baustellenarbeit verrichtet. Einen Säbel, der seinen stummen Schnabel ersetzt. Er schließt die Augen, atmet tief ein, und dann denkt er sich frei von seiner Vergangenheit, versucht sich eine eigene Biografie einzuzementieren. Es ist nur ein kurzer Moment, in dem der Beton flüssig ist.

Als Maurer ist Josef für den Rohbau zuständig. Rohkost hat ihm aber noch nie zugesagt. Jemand, der ihn nicht kennt, könnte glauben, er wäre schroff, bloß weil er die Grobkonstruktion innehat. Weil ihn die Innereien nichts angehen, das, was den Menschen, das Haus, im Innersten zusammenhält. Dabei könnte Josef die Gretchenfrage aus dem Stegreif beantworten und ist auch allzeit dazu bereit, wenn er sich beim Glattstreichen des Wandputzes umdreht, sobald ihm auf die Schulter geklopft wird. Meist wird er aber nur an die Pause erinnert und antwortet mit einem stillen Nicken. Das Bauwesen ist eine filigrane Sache, denkt Josef, denn, wenn du ein Haus errichtest, was übersetzt nichts weniger bedeutet als die ausbetonierte Gebärmutter der Menschen, dann musst du bereits beim Gießen der Bodenplatte ein Gefühl dafür haben, in welche Richtung der Beton fließt. Das Gebäude muss bestmöglich auf den Hausherrn abgestimmt sein, ohne seine eigene Hallstimme zu verlieren. Je mehr Mensch, desto weniger Hall. Der Mensch lebt in Synthese mit seinem Wohnhaus, atmet das Haus, atmet der

Mensch. Bricht der Mensch zusammen, stützt ihn das Haus. Bricht das Haus zusammen, begräbt es den Menschen unter sich, weil die Stützfunktion dann auch verlorengeht. So simpel ist die Geschichte mit dem Tragwerk, denkt sich der Josef, während er den Mörtel anrührt und es ihm wieder schwarz vor Augen wird.

Er rührt den Mörtel an, der Bürgermeister Joch seine Schwiegertochter. Gestern war Josef bei ihm, weil morgen sein Sohn, der junge Jochen, heiratet, und bei dieser Gelegenheit hat Joch seiner zukünftigen Schwiegertochter Maria auf den Hintern geklatscht, als sie aus der Küche kam, um ihnen Schnäpse zu servieren. Bleibt doch in der Familie, hat sich der Joch dabei gedacht. Und Jochen, sein Sohn, hat es wohl gesehen und seine Fäuste geballt, was wiederum nur Josef auffiel. Doch weder Jochen noch Josef sind Bürgermeister, also haben sie nichts gesagt. Und auch die restlichen Anwesenden, der Vizebürgermeister und die Wirtshausonkeln, haben den Vorfall souverän ignoriert und ihn mit lautem Gegröle als unausweichliches Schicksal eines hiesigen Mädchens besiegelt. Niemand mag den Sohn vom Bürgermeister, weil niemand den Bürgermeister mag. Dass der Joch Bürgermeister geworden ist, verdankt er in erster Linie dem Vizebürgermeister, den die Leute noch weniger mögen als ihn. In zweiter Blutlinie und auch in dritter verdankt er es seinen dutzenden Cousins und Cousinskindern, die sieben Achtel der Fünfhundert-Seelen-Gemeinde ausmachen und nur jemanden aus der eigenen Familie als Oberhaupt tolerieren, um sich nicht der Gefahr auszusetzen, das Blut ihrer Kindeskinder könnte sich mit Barbarenblut durchmischen. Auch Josef mag den Bürgermeister nicht, obwohl er sein Bruder ist. Das glaubt er zumindest. In Wahrheit weiß nämlich außer der Mutter von Josef niemand, dass der Josef und der Bürgermeister Joch keine Cousins sind, sondern Halbbrüder. Niemand außer der Mutter vom Josef und dem alten Joch, dem Vater des Bürgermeisters, der dazumal seine Schwägerin zwangsbeglückte. Und aus diesem Zwangsglück entstand der Josef, der das stets in seinem Stirnwulst gespürt hat.

Gut dass ich nicht mehr am Anwesen wohne, denkt sich Josef, der einmal bei den Unterjochern im Schuppen hauste, und beißt den Rand seiner Leberkässemmel ab, obwohl ihm schlecht ist. In einer Gemeinde, die so schwarz ist wie eine zwischen den Weltkriegen geborene Oma, eine Gemeinde, die »Neger« sagt und Neger meint, eine Gemeinde, in der zehn kleine Jägermeister auf eine einzige Cousine kommen, weil es bloß einer von zehn Frauen gelingt zu türmen, während die restlichen acht Suizid begehen, bevor oder nachdem sie von ihren Brudercousins und Cousinsbrüdern gerudelt werden. Die Menschen aus der Gemeinde werden von den Stadtbewohnern oft als Bagage bezeichnet, und auch wenn er sich nicht mit ihnen identifiziert – einen Stich in die Brust versetzt es ihm doch jedes Mal, dem Josef, weil er meint, aus demselben Holz geschnitzt zu sein, und Bauernharz ist dicker als Blut. Er schämt sich aber auch dafür, mit dem Ortsvorsteher ververbrüdert zu sein. Der Bürgermeister sieht eigentlich nicht aus wie ein klassischer Gemeindepascha, ist weder groß noch beleibt, weil er die Korruptionsschweinebraten unter den Fraktionssäuen selbst verteilt. Doch er besitzt alles. Außer Zeit, die hat er aus Sparsamkeitsgründen nur gepachtet, so wie die Wiesen der Nachbargemeinden. Er ist Bürgermeister und Großbauer, Schlachter und Trauzeuge in einer Person. Wenn er vom Amt kommt, geht er aufs Feld, wenn er sich vom Acker macht, dann meist mit einem Schaf unterm Arm, das kurz darauf blökt und blutet. Während er Blut leckt, spaziert er ins Standesamt, um mit scheelen Augen ein Brautpaar zu vermählen, dessen Braut er selbst schon vorgekostet hat. Er bestimmt, wer wen heiratet, er legt fest, wann wer wo krepiert. Beides niemals zur Zeit der Heuernte, da braucht man jede noch so ausgemergelte Helferhand. Er gibt sich seinen Fastenkuren hin und ernährt sich von einzelnen Ährenkörnern beim Dreschen, einzig wenn sie abfallen. Vom Korn für ihn gespendet, ohne etwas zu kosten, so schmeckt es ihm am besten. Nichts erregt den Bockvorsteher mehr als die Selbstgeißelung. Bagatellen erwecken seine Begierde. Bußetun steigert seine Libido, und Sühne schmeckt wie Honig in seiner Ketzerkehle. Während seine Frau im Kirchenchor fiept, sühnt er ihre Stimme als gotteslästerlich. Er glaubt sich im Recht, wenn er spricht und sich selbst reden hört. Traut doch seiner eigenen Stimme am meisten über den Weg und verwechselt sie in der Kirche mit der von Gott.

Im Grunde verrichtet Josef eine ehrliche Arbeit und hinterlässt nur Solides, ohne Fassadenverkleidung, ohne Fenster und schmückende Inneneinrichtung. Was er herstellt, gleicht einem leeren

Blatt Papier. Man kann es bemalen, etwas darauf notieren oder einen Papierflieger daraus basteln. Geflogen ist Josef noch nie im Leben. Weder in einer Maschine noch von einem Baugerüst herab. Obwohl er seit kurzem Gleichgewichtsprobleme hat, balanciert die Gämse Josef sicher auf seinem steilen Grat um das felsige Hochgebirge Haus, das aus Mauerziegeln besteht. Mit der rechten Hand schmiert er sich ein Butterbrot, mit der linken streicht er Mörtel auf den Ziegel. Er ist Rechtshänder und arbeitet mit links. Nur heute glaubt er, sich die Zähne daran auszubeißen. Achtundneunzig Löcher haben die Lehmsteine hier, er hat sie mehrmals gezählt, nur um sicherzugehen. In seinem Maurermund hat er bloß vier Löcher, aber viele Scherben. Mit seinem Ruinenkörper baut er Häuser, während sein Fleisch zerfällt. Vor drei Wochen bekam er die erste Bestrahlung, in der Stadt, dort, wo die Fassade dem Felsen den Rücken zuwendet. Während ihn der Arzt noch einmal über sämtliche Nebenwirkungen aufklärte, zählte Josef die Maschen der Bestrahlungsmaske und war beruhigt, als er auf eine gerade Zahl kam. Ein Geradliniger wie er kann mit krummen Dingen schwer umgehen. Der Radioonkologe händigte ihm einen Aufklärungsbogen aus, Josef unterschrieb diesen ungelesen, und kurze Zeit später wurde er in eine gipsweiße Röhre geschoben. Gipsweiß, marmorweiß, zinkweiß, beruhigte er sich selbst, aber nur in Gedanken, weil er schon Sprachausfälle hat. Der Kalksarkophag für einen Maurer. Ein Sarkophag ist eine Schatulle für getrocknete Menschen, denkt sich der Josef, zumindest so ähnlich, aber das Wort »Schatulle« fällt ihm schon gar nicht mehr ein. Er konzentriert sich auf die farbigen Blitze, die hinter den geschlossenen Augenlidern zucken. In diesem Grab hält er inne und fasst seinen Entschluss: Den Entschluss, dass es an der Zeit ist, nicht mehr innezuhalten.

Der Mörtel ist heute zäher als gestern, denkt Josef, und das liegt bestimmt an seiner Entscheidung. Trotz der Schmerzen achtet er auf eine aufrechte Sitzposition, neunzig Grad, immer einen rechten Winkel, der aus seiner Hosentasche ragt. Vollkommen gleichgültig, wie ihm zumute ist, noch im Sterben gleicht Josef seinem Winkel, ist verlässlich und nachvollziehbar wie er. Du bist das Haus, beruhigt er sich. Das Baugerüst rundherum ist dein Gerüst um den Kopf. Der Strahlenlaser bekämpft meinen winzigen Tumor wie das Nivelliergerät der Baustelle alle Unebenheiten. Nichts davon verursacht eine Läsion, alles spielt sich unsichtbar ab, denkt er, während ihn das Bild des Gamma Knifes verfolgt.

Die Arbeitskollegen sitzen längst im Beisl. Und Josef sitzt seit Stunden allein am selben Fleck auf der Baustelle. Dabei hat er gegenüber auf der Insel einen Bunker gebaut. Der kleine Trommelmischer verrät kein Wort, auch wenn er sein erstauntes Maul noch immer offen hält. Ein oranges Vogelmaul. Josef füttert ihn mit Wasser, Schaufeln voll Kies und einem halben Sack Zement, und er dreht sich vor Wonne, würgt das steinige Gemisch mit Maultrommeltönen hinunter. Das staubt mehr als die Lungen der Bauarbeiter.

Dann schwindelt es ihn wieder von der vielen Arbeit und vom Hirn, das ihm Streiche spielt. Er kontrolliert im Spiegel, ob die Therapie schon wirkt, doch dieser schrumpft ihn, sobald er näher tritt. Je dichter du an einer Sache dran bist, reimt Josef sich zusammen, desto kleiner wirst du im Gesamtzusammenhang. Er folgt gern logischen Strukturen. Josef bemerkt, dass ihn die Baustelle kahlgefressen hat, seine Stirn reicht bis zum Hinterkopf zurück. Wenn er duscht, laufen kleine hautfarbene Rinnsale über seinen aschgrauen Körper, die, sobald er trocken ist, wieder zustauben. Die Schulkameraden nannten ihn schon damals Totengräber, und was wird aus einem Kind mit einer solchen Prognose? Jemand, der aus toter Materie Käfige baut, Gruben freilegt für hartes Fundament. Ein Leichenbetonierer. Jemand, der ein leeres Gebäude errichtet, umbaut und niederreißt.

Am nächsten Morgen wird er von den Prangerschützen geweckt, die Schwarzpulver in ihre Rohre stopfen wie Viagra in ihre Münder. Die Dorfmädchen dirndeln mit ihren knisternden Trachten durch den feurigen Nebel, schürzen ihre Lippen und fallen in Schöße, wenn ihnen eine Strumpfwade zusagt. Je kräftiger die Wade, je stärker die Fessel am Fuß und die später an ihren Händen, desto mehr schwellen sie an. Die Brautjungfern drängeln sich vor die Spiegel und legen dicke Rindsschnitzelmasken auf, ehe sie zur Braut, zu Maria, stoßen und dieser von ihrem unsagbaren Glück vorschwärmen, bald eine Bürgermeisterschwiegertochter zu sein. Sie stehen um die Sitzende herum, flechten ihre Haare im Reigen, zerren daran, rupfen und zupfen sie zurecht und jäten jedes Unkraut aus ihr heraus. Wenn du erst seine Gattin bist, sagen sie, musst du schon parieren. Du wirst ihm wohl eine gute Gemahlin sein, wirst du? Maria schweigt. Sie klopfen ihr Fleisch weich und gefügig und befreien es von Sehnen und Haut. Das übriggebliebene Filet, mager, zart und saftig, darf unbesorgt vor den Traualtar treten, um danach hinter dem Reifeschrank zu verschwinden.

Maria steigt zögerlich in das geschmückte Fuhrwerk, die Rosen lassen ihre Köpfe hängen. Josef sitzt vorne auf dem Kutschbock, die Pferde schimmeln vor ihnen. Er weiß, warum Maria ihr Gesicht hinterm Brautvorhang versteckt und resigniert. Der Regen macht nur ihn nass. Maria nicht. Das Klappverdeck krönt sie wie eine Rosenhagmadonna, macht sie zu einem rollenden Geschenk. Die Zugtiere ziehen nicht wie sonst, stellt Josef fest. Bald wird auch Maria eingespannt. Sie wird pflügen und Karren ziehen, gemolken und zur Verfügung stehen. Das Geschirr im Kasten, das Geschirr auf ihren Schultern. Josef dreht sich zu ihr um und sieht: Sie weiß den Namen dessen nicht, den sie heiraten wird. Sie meint, er hört auf Joch. Den, der ihr Mann wird, nennt man Joch.

Oder Jochen? Josef kutschiert nicht schnell, aber auch nicht zögerlich, weil er weiß, dass man sich mit jedem Zögern verdächtig macht. Ein komisches Gespann, er und sie, als wären sie durch das Räderwerk der Zeit nun miteinander verbunden. Als sie ihm an die Schulter fasst, lässt er die Zügel locker, damit sie endlich anfängt, über die Stränge zu schlagen. Auch sie zaudert nicht: Er sei doch ein guter Josef, einer, der die Pferde nicht stiehlt, sondern zurückbringt, einer, der die ganze Welt in seine Stube hereinlässt. Das weiß ganz Unterjoch, darum nennen sie ihn Lapp. Einer, der nicht widerspricht, sich nirgends dagegenstellt. Einer, der sich immer nach den anderen richtet, nie in die erste Reihe drängt, sich hinten anstellt und andere vorlässt, jemand, der sich dafür entschuldigt, wenn ein anderer ihm auf die Füße tritt. Sie verlassen sich auf ihn, wenn ihre Wasserleitung leckt oder der Putz herunterbröckelt, der am Haus oder der am Körper. Der Lapp, der wird's schon richten, so wie der Lapp immer alles richtet. So wie sie selber die Guten von den Schlechten. Wenn er da ist, preisen sie ihn einen Lapp, sobald er aber um die Ecke biegt, schimpfen sie ihn einen Lapp. Einen Josef, wie doch ein jeder ein gewöhnlicher Josef ist. So wie ein Alltagsgegenstand, den niemand vermisst. Der genügsam in der Ecke steht und auf dem Sperrmüll landet, sobald er nicht mehr funktionstüchtig oder veraltet ist. Dann fragt die Braut mit Marmorkleid, ob er ihre Riemen abnehmen kann, weil die Zukünftige nicht zur Gestrigen werden will. Unterjoch verlassen möchte, zumindest in die Nachbargemeinde ziehen. Nach Hämisch oder so. Doch ihr Körper wurde schon mit dem Brustblattgeschirr eingezäunt, sodass sie nicht weglaufen kann. Sodass sie bloß auf dem ihr zugedachten Landweg liegen bleiben muss. Unterjoch. Land unter, flüstert sie. Nimm sie ab, fleht sie mit ihrem Erdbeermund. Mit dem Zaum wollen sie mich lauwarm machen. Nimm sie ab, die Riemen. Die am Hals und an der Kehle, die an der Stirn und am Schweif. Bring uns hinüber und zerschlag ihnen ihr Schaumgummigebiss. Du bist doch ein Mauermann, hast einen Trümmerhammer, bestimmt.

Und Josef überlegt nicht lange, er hat doch seinen Plan. Von drüben hört man schon die Schnalzer ihre Peitschen auf den Boden schlagen, um die Fruchtbarkeitsgötter zu wecken, obwohl die Braut, die bricht – aus dem Mund und zusammen –, bereits einen kleinen Unterjocher in sich trägt, wie

Josef merkt. Von wem der ist, wagt sich Josef vor. Da drängt sich schon der alte Joch, der alte Johann, ins Bild und hält die Kutsche mit bloßem Schuhwerk an, das er zwischen die Räder klemmt. Dass du uns bloß unter die Haube kommst, bevor ich unter die Räder, lacht er zynisch und atmet schwer mit seinem zugeknöpften Kragenhals. Da platzt Josef schon fast. Wie viel Zwangsglück außer ihm hier noch herumläuft. Auf Beinen, mit Stöcken oder erst im Bauch. Der alte Patriarch klopft ihm auf die Schulter, nimmt ihn unter seine dreckigen Fittiche, die mit der Zeit dünner geworden sind, aber nicht weniger stark zupacken, und zieht ihn eng zu sich heran. Dann streckt er den Zeigefinger aus und deutet auf die Mädchen. Er öffnet seinen Mund, und Josef kommt es vor, als flögen viele hundert Fliegen aus seinem Maul, das verzogen ist wie ein schiefer Rahmen. Ob er sich nicht eine dieser Ranzlbräute, die einander gleichen wie eineiige Zehnlinge, aussuchen will, meint er zu Josef. Alles frisch. Während er ihm so nahe kommt, wie man nur jemandem nahe kommt, den man küssen oder dem man die Zunge abbeißen möchte, kann sich Josef dieses gammeligen Atems, der nach Ochse mit eitrigen Zahntaschen stinkt, nicht mehr erwehren. Und er malt sich aus, wie er dem alten Joch, seinem Sohn und all den anderen Unterjochern ein Brot mit Estrich schmiert. Wie sie mit gefräßigen Mündern eins nach dem anderen im Ganzen hinunterschlingen und sich ihre Leiber mit Verhärtung füllen, ein harter Kern mit weicher Schalung. Aber nichts. Noch nicht. Er ist doch ein lieber Josef und schüttelt brav die Hände, nicht den Kopf. Dann kommt er seiner Funktion als Progoder nach und teilt die Gesellschaft in rechtmäßige Grüppchen. Er lässt sich nicht aus der Ruhe bringen. Josef hat anderes im Kopf. Seinen Plan. Und seinen Tumor. Wenn das Gewächs nicht sein Vorhaben überwuchert, bleibt er dabei.

Das Wirtshaus platzt aus allen Nähten, und noch immer drängeln Leute am Eingang hinein, als gäbe es ein Begräbnis. Die gesamte Gemeinde versammelt sich, um auf Bürgermeisters Kosten zu schmarotzen. Bald wird das Gebäude zerbersten, denkt sich Josef, als er ihnen die Plätze zuweist. Es bedarf keiner Nachnamen auf den Tischkärtchen. In der Zwischenzeit sind alle Unterjocher Bauernhöfe so leer wie die Gläser der Alkoholiker. Nur die Kuheuter verlieren schon Milch. In den bloß bodenbedeckten Jauchegruben spiegelt sich der Mond, während die giftigen Gase woanders weiter gären. Josef hat sie alle gebaut. All ihre Jauchegruben, ihre Häuser und Ställe, Garten- und Friedhofsmauern. Er fühlt sich als ihr Ziehvater, der nun, da sie selbst unbeweglich bleiben und nie flügge werden, selbst ausschwärmen muss. Reißaus nehmen, damit er ihren Niedergang nicht erlebt. Gehen, bevor der Betonkrebs monumentale Bauten zerfrisst. Er träumt von anderen Projekten, solchen in einer großen Stadt. Fühlt sich wie eine Zimmerpflanze, die wenig Pflege braucht. Am liebsten würde er einen Liftschacht zimmern, mit einem Raum darin, der sich immer bewegt. Lärmschutzwände um ihn selbst herum oder Betonelemente von einer großen Autobahn.

Die Beine des Brauttisches sind schon glatt rasiert, von Schiefern befreit, das Gmundner Geschirr hat artig darauf Sitz und Platz gemacht, genauso wie die Frauen, die auf Tenoriges bei Fuß gehorchen. Josef, neugierig wie ein kleines Kind, sieht dem Wirt mit seinen speckigen Backen beim Zerteilen des Fleisches zu, das ihn nach dem finalen Schmetterlingsschnitt an den Horizontalschnitt seines Gehirns erinnert. Das Schnitzel vom Hausschwein und vom Biorind wird serviert,

Butterschmalzgeruch zieht durch geblähte Nüstern. Die Lampenschirme, die von den Wänden hängen, strahlen vergilbtes Licht in die Runde und sprenkeln die Gesichter urinfarben. An den Enden der Hirschgeweihe sitzen die Goldhauben der Mütter und Großmütter wie auf dem Präsentierteller, während die Töchter an den Kropfbändern schon von den Leinen ihrer Herrchen gemaßregelt werden. Vergib uns unsere Schuld, Vater, wie auch wir vergeben unseren Schuldigern, murmelt Josef für sich und blickt in das Bruegel'sche Hochzeitspanorama. Dann stiehlt er die Braut, und niemand merkt etwas, denn der alte Joch kräht vergnügt zwischen den Brautjungfern, markiert sie mit greiser Spucke und verbreitet seine Geflügelpest. Sein Adlerauge hat er dabei in die linke Westentasche gesteckt.

Während Josef gemeinsam mit der Braut den Saal verlässt, fragt er sie, ob sie mit anpackt. Draußen warten bereits die Betonmischer. Sie sind schon ungeduldig. Josef dreht die Zündung und sie ihre Bäuche. Er leitet die Rohre in den Schlund der offenen Türen, leert Unmengen an Blitzbeton in das Gebäude hinein. Die Fenster sind schon verbarrikadiert. Er schuftet für drei, nein, für zehn

Mann, und eine Frau, die nicht versteinert sein möchte, hilft ihm dabei. Trotz der Zeitnot lässt er es sich nicht nehmen, den Estrich glattzustreichen, sodass ihm nicht nachgesagt werden kann, er sei nicht gründlich. Nach vollbrachter Tat setzt er sich in die Fahrerkabine des LKWs, am Beifahrersitz hockt schon Maria mit angezogenen Knien und einem zerrissenen, braungefleckten Brautkleid, das nach Tartarus stinkt. Zwischen ihnen hecheln die Maurerkellen, die Josef nun beschwingt, eine nach der anderen, auf den Arm nimmt und wie Hundewelpen streichelt. Das Letzte, was er tut, bevor er mit Maria gemeinsam den Ort verlässt, ist, die Sirene einzuschalten. Sie rollen auf der Straße, die er planiert hat, und niemand blickt in den Rückspiegel.

Kurz darauf stürmen die braven Unterjocher, allesamt Mitglieder der Freiwilligen Feuerwehr, aus dem Festsaal. Ihre Füße bleiben stecken, als sie in den frischen Blitzbeton stapfen. Sie stecken fest, da, wo sie sind. Und schon dringen die Gärgase ein. Und zwar aus der schwimmbadgroßen Jauchegrube, die unter dem Wirtshaus angelegt und heimlich seit vielen Jahren von allen Bauern befüllt worden ist. Ihre eigene Verpestung kriecht immer weiter durch das Loch am Boden, das sich durch den Betonkrebs gebildet hat, und droht sie zu ersticken. Aber das sieht und riecht Josef nicht, weil ihm nie jemand davon erzählt hat. Von dem einzigen Konstrukt, das nicht er selbst gebaut hat, ein Pfahljoch über der Sickergrube und unter dem Wirtshaus. Und während die Gebäude in der Welt weiter wachsen, schrumpft das Gewächs in Josefs Gehirn, als er endlich Zeit hat innezuhalten.

Unter die Erde

Ein Nachtschattengewächs im Uterus der Mutter habt ihr diagnostiziert, wie Befehlshaber vor der Geburtshöhle patrouilliert, seid mit euren verbrannten Zungen mir auf die Pelle gerückt, und als ich herniederfuhr, da blieb der Mutter nichts anderes übrig, als mich fallen zu lassen, ich war heiß geworden durch euer Gerede, euer Gezeter, dass ich zu den Barbaren gehöre, zu den Einfältigen, und ihr hattet Recht, hab ich doch keine rechten Ecken und Enden gehabt, keine richtige Form, darum standet ihr da mit dem Spaten, allein mich zu spalten bedarf es dreierlei. Bringt sie unter die Erde, habt ihr einander befohlen und ein Loch ausgehoben, lächerlich habt ihr mich gefunden und gehofft, dass mich nie jemand erfährt. Verkrümle dich unter die Ackerkrume! Schleich dich, du Schlichte, habt ihr gerufen und meine Gruft zubetoniert, gestrahlt mit euren Sonntagsgesichtern, zugewartet, bis mir schlecht wurde von meiner solaninen Haut, sodann blieb mir nichts übrig als das von euch Übriggelassene, sodann hab ich mich zugedeckt mit dem Dunkel, die Erde gefressen, den Frost geschluckt. Wo ist das Mündel, fragt die Mutter jetzt jede Mitternacht, die Stirn gegen das Firmament gestemmt, dabei steht sie direkt über mir, der Dreckwürgerin, der Schlickschluckerin, die sich Stück für Stück in den Boden mampft, unfähig, mit vollem Maul zu maulen und zu meutern. Ihr mauert. Und habt über mir Häuser gepflanzt zum Zerstückeln. Ihr grast auf meinem Grab. Weiß der Kuckuck, welchen Geiern ihr Raben mich zum Fraß vorwerft. Was wird mir vorgeworfen? Wann habt ihr den Frieden ausgestiftet? Wann die Freiheit eingefriedet? Verwerft euch! Schießt den Vogel ab! Gekrochen sollt ihr kommen, wenn die Erde bebt, denn ihr zündelt mit dem Fegefeuer. Gebückt sei euer Gang über den Ganges, denn ihr verzettelt euch mit dem von euch Angezettelten. Verkriechen sollt ihr euch vor den von euch Vergraulten, bis euch eine räudige Reue überzieht wie Schimmelhaut. Bis ihr den Faden verliert, den ihr zieht, mit dem ihr mein Schweigen eingefädelt habt. Aus meiner Grabesstille wächst ein Schwelgen, und jetzt treibe ich aus. Eine Vertriebene mit Austrieben. Eine Vertriebene, die selbst austreibt. Unter der Erde, die meine Haut ist, überwintert mein gelbes Fleisch. Schon morgen zerfällt es auf den Zungen der von euch Gesteinigten. Verfault bin ich und doch in aller Munde.

Miserere Melancholia

Die alten Sommer werden sterben, bevor sich ein einziger Winter nach ihnen umdreht, bevor sich der Südwind in Luft auflöst, dachte ich, als sich Angst und Panik in Mark und Bein fraßen, indes mein Herzschlag in ein Galoppieren kippte, das unmissverständlich lauter wurde, ein Todesmarsch ohne Gesicht, dessen Vehemenz mit meiner wachsenden Furcht zunahm, ein nahender Triumphzug der endgültigen Vernichtung, geboren aus einem Quell von Protest, Zerwürfnis und Überdruss. Das Höllengetrampel stampfte mich in Grund und Boden, fräste sich in meine Knochen und legte Gebeine frei, da, wo schon lange nicht mehr gebetet wurde, da, wo weder Fleisch noch Fisch darüber lagen. Die Lärchen überfiel eine Gänsehaut, sie stachelten sich goldgelb auf wie pelzige Raupen, streckten ihre Fingerwurzeln durch alle noch so schmalen Gesteinsspalten, um sich irgendwo festzuhalten und sich selbst in den Griff zu bekommen. Für das, was kommen sollte, waren sie weder gewappnet noch geerdet.

Sie breiteten sich weiß, feuerrot, schwarz und fahl über das schneebedeckte Land, es war nichtige Nacht, und von Norden kam ihr Heer mit hungrigen Bäuchen, knochig und abgemagert, durstig und schrill, dann wieder überfressen und ungemein siegessicher, die Waffen nach vorne gestreckt, um die Welt wieder aufzurichten. Ein Waldhorn. Schnauben. Schlachtrufe im Wetterleuchten, als wäre Lärm der Auslöser für Licht. Ihre Gebisse klapperten, schnappten zuerst nach denen, die sich zierten, und ihre Kriegswerkzeuge glühten, wann immer ihnen die Augen brannten, Pfeil und Bogen dazu da, um die Menschen gegeneinander aufzustacheln, das Schwert, um zu entzweien, die Waage, um aus dem Lot zu bringen und zu beweisen, dass nichts schwerer wog als das jüngste Vergehen, ungesühnt. Ich verlor mein Gesicht, weil ich nicht wegsehen konnte, beim Anblick derer, denen es die Gesichter vom Nichtwegschauenkönnen zerfetzt hatte, durchlöchert von den Geschossen der Hiobsboten. Sie ritten aus der Dunkelheit hinein in die nächste Dämmerung, Auffahrende und Absteigende zu trennen, und mit jedem Schritt entwich der Erde ein Ächzen, der Glanz der Wintertage zertreten unter den Hufen derer, die ihnen gehorchten.

Die Gischt der Nacht troff von meinem Körper wie jeden Morgen, das Heer holte mich gegen Mitternacht. Was zurückblieb, war er. Ich roch ihn, bevor ich ihm zum Fraß vorgesetzt wurde, und mehr als Fraß kann man nicht sagen, alles andere wäre hochgestapelt, Lug und Trug, Lüge und Trägheit. Niemand erbarmte sich seiner, außer mir, ich kranke, fertige Kuh, ich abartige Sünderin, und weil ich krank war, kam aus meinem Maul keine Widerrede, nur scharfe Magensäure, an der ich mich verschluckte. Ich war zu schwach, um mich zu wehren gegen diesen Wolpertinger, der aussah, als wäre er aus einem Wurmloch gekrochen, als wäre er einst wie eine madendurchfressene Rinde von einem morschen Baum im Hinterwald gebrochen, als ernährte er sich von den in Rindenritzen abgelegten Eiern der Lindenwanzen, ein Geschöpf, vor dem es mir grauste, sobald ich auch nur an sein verhunztes Gesicht dachte, das immer schief hing, dem man ansah, dass bereits bei seiner Zeugung etwas schiefgelaufen sein musste. Er machte mir die Tagträume madig, und sobald ich mich aufraffte, um aufzustehen, beschwerte er meine Beine mit Blei, und ich schritt voran wie ein Schlachtschaf zum Schafott, ein Lamm Gottes, das sich seine Zukunft vergegenwärtigte.

Der Gnom stank gegen den Wind, und sein Mief haftete bald an mir, sodass ich mich selbst nicht mehr riechen konnte. Sein Geruch zog in mich ein wie die Feuchtigkeit einer Hautcreme. Zuerst roch ich ihn, dann hörte ich ihn. Er redete immer undeutlich, wenn er mit mir sprach, als hätte er sich auf die Zunge gebissen, als hätte er ein Stück Restzweifel im Maul und als wäre dieses Stück Restzweifel ein zähes Fleisch, eine zache Flachse, der selbst die scharfkantigsten Hauer nicht Herr wurden, als wäre er nicht gewillt, irgendetwas endgültig auszuspucken, als wollte er seine laschen Hautlappen, sein unappetitliches Äußeres in Worthülsen verstecken. Dabei mangelte es ihm keinesfalls an der Fähigkeit, wohl aber an der Muße zur präzisen Rhetorik. Mithin liebte er alles, worin Widersprüchlichkeit lag, alles, woran ein Hauch Zweifel hing, er genoss es, die Dinge zu verschleiern. Seine Sporen spurten durch den Wald, wo immer er entlang ging, schossen Pilze aus der Erde, Täublinge, Seitlinge, Bovisten. Und überall dort, wo sich ein Zwiespalt auftat, zwängte er seinen robusten Fuß hinein wie ein Fundament, den Zementpflock in jeder Türangel. Nichts konnte ihn ausheben, was er nicht schon gesehen hatte, und alles, was er hinterließ, war Zerstreuung. Die Berge ließen ihre Hüllen in Form von Lawinen fallen, sobald er auf ihr Rückgrat trat, und Verdacht war die einzige Hinterlassenschaft seiner kryptischen Manifeste, die er im Ofenfeuer abfackelte, wenn er mir einheizte. Und doch erahnte ich jedes Bestreben, das sich in kleinen Gesten und niedrigen Gefälligkeiten abzeichnete. Er sang amüsante Lieder, zitierte Homer oder Dante, konnte aber nicht schreiben. Er redete mit mir, wenn ich schlief, als wollte er keinen Zweifel an seinem Dasein aufkommen lassen und sein Zugegensein fest in mir verankern.

Ein Zwerg liebt das Zwielicht, sagte er und sprang zwischen Licht und Schatten hin und her, flehmte sein Maul und schob zögerlich seine verkümmerte Zungenspitze nach vorne, um etwas von meiner inneren Zerrissenheit zu kosten. Er wollte mich gegen sich aufhetzen, etwas anzetteln, das mich erneut in Aufruhr brachte, mich von mir entfremdete, mich und ihn eins machen, indem er uns uneins machte. Beim Jupiter, ich werde ihn nicht beim Namen nennen, schwor ich mir, es wäre eine Selbstlüge oder aber eine Selbstgefälligkeit. Richtig zu Gesicht bekam ich seine Visage nicht, denn sie war ständig abgewandt von den vielen Abwendungen der Gegenüber, die bei seinem Anblick erschauderten. Er drehte und wendete sich, wie er wollte, wie jemand, der sich nicht gern in die Karten schauen lässt. Atmen hörte ich ihn nie, aber wenn ich leise war und ganz genau hinhorchte, war da ein schwaches Säuseln zu vernehmen, so, als würde einem Reifen die Luft ausgehen. Ich ahnte, dass er irgendwo ein Loch haben musste, aus dem ein Todespassat, ein schwarzer Nebel entwich, der aus allerlei Ungeziefer bestand und ihn wie ein Dunst umgab.

Sie feierten mich. Sie feierten unsere Vermählung mit prallen Bäuchen und vollen Krügen. Sie feierten, weil er so mit mir beschäftigt war, dass er auf all die anderen vergaß. Der Elfenbeinturm, den man mir versprach, war ein Faulturm, in den man mich sperrte. Dort gärte alles vor sich hin, ich wurde träge und schwach. Er trug mich ständig über niedrige Hemmschwellen. Im Grunde trug er mich nicht, er hing sich an mich dran und lenkte mich in Richtung Simbacher Auffangbecken, dort hielt er Ausschau nach Salzachsuizidlern. Dieses Morgenritual glich einem Labsal, einem Sonnenuntergang. Er rieb sich die Hände, die keine waren, mehr Stumpen, manchmal Krallen, er kratzte sich am vernarbten Schrumpfkopf, wurde rot und schwitzte vor Aufregung. Je trauriger ich wurde, desto wohlgemuter ward er. Jedes Mal, wenn mir ein Brocken meiner Selbst abkalbte, bot er seinen breitwilligen Resonanzkörper. Ich magerte ab, und er wurde zunehmend fleischig, entwickelte Schultern. Unter meiner Haut hielt ich tausende Natternnester, solange Schlangen in mir nisteten, solange die Wunden nässten, gab es keine Neider. Wo auch immer er hinkam, hakte etwas und hinkte jemand, er hinterließ Haare, Borsten, die ich mir eintrat, die mich aufstachelten, die aber abbrachen und in mir stecken blieben, sobald ich versuchte, sie herauszuziehen. Er schleppte mich hoch hinauf ins Gebirge, sperrte mich in eine Keusche, und wenn er ins Holz ging, um sich auszubreiten, oder in die Dörfer, um zu wildern, ließ er mich allein zurück. Es waren Stunden der Stille im Morast, in denen ich versuchte, gegen ihn anzuschreiben, mir meinen Widerwillen gegen ihn und diese siedende Welt auf den Leib zu schneidern oder aber abzugewöhnen. Ich skizzierte sein unscharfes Gesicht, diesen Kriegsschauplatz, von Wind, Wetter, Blitz und Frost geformt, von Steinschlag und Hagel beschädigt, um das Übel zu bezeichnen. Es sah aus wie Totholz, zerfressen, morsch und modrig, an manchen Stellen bemoost, als böte es einen

Nährboden für allerlei Kriechgetier, das sich dereinst über sämtliche größeren Lebewesen hermachen würde, durch deren Verderben zum Verbleib bestimmt oder verdonnert.

Er erzählte mir vom Kreuchen und Fleuchen, er zeigte mir seine Heimat, stellte mir seine Haustiere und Gefolgsleute vor: Felder voll von Sonnenblumensoldaten mit verbrannten Gesichtern und silbrigen Mähnen. Gletscherabbrüche und Steinlawinen. Herrenlose Straßenköter, um die allein die Flöhe sich scherten. Kindsvernachlässiger und vernachlässigte Kinder. Einen alten Mann, der versuchte, sich sein Alter mit dem Groschentaschentuch aus dem Leibe zu schnäuzen. Und ich sagte zu ihm: *Gnom, du finsterer Göll, gnädiger Gemahl und elendiger Geselle! Gerbe mich und geleite meiner. An deinen Rücken lehn ich mein Geröll. Und alles, was pumpert und grollt in mir, kehrst du unter dein Buckelbett.* Mit dir werde ich dem Zugrundegehen noch auf den Grund gehen, dachte ich damals, dabei ging ich ihm auf den Leim. Und überall die Falten der Berge. *Das Lachen wird euch vergehen*, drohte ich ihm, *so wie ihr selbst vergehen werdet.*

Nur eine faule Haut ist eine gute Haut, antwortete er, ich bin hier, um aufzugeigen! Was mich stimuliert, sind Frakturen aller Art. Knochenbrüche durch Steinbrüche. Der hohle Klang eurer hohlen Knochen formt ein schönes Geräusch in mir. Eure Frakturen haben euch doch dort hingebracht, wo ihr heute seid.

Ich verbot ihm Wörter wie »Lachsalven« und beschwor, wer Derartiges aussprächte, dem versenge sich sofort die Zunge. Deutsch, diesen verkrüppelten Begriff, der wie ein Geschoss aus Mündern jagte und wie eine schwere Kanonenkugel Löcher hinterließ, verbot ich ihm ebenfalls. Manchmal hasste ich sein gebrochenes Deutsch, dieses Genicksbruchdeutsch, das immer gebrochen klingt, auch wenn man es als Muttersprache beherrscht. Seine Rufe, die in mir schwirrten, waren bissige Schäferhunde. Sie bohrten sich wie spitze Eckzähne in mein Fleisch, wie die Zacken von Dosenöffnern, sie hinterließen Wundmale, wo auch immer zuvor Unversehrtheit lag. Dem ungeachtet war er derjenige, der alle Hartgesottenen weichkochte, was ich zunächst für eine List hielt. Er hing anderen seine Innereien an, so wie man jemandem einen Mord anhängt, und irgendwann brachte er mich zum Schreien:

Nichts wisst ihr von mir, der Erbärmlichen, der Herzträgen, wenn ihr euch die Hoheit der Hölle heißt. Nichts von unserer Furcht vor eurem sengenden Atem, der über unsere Felder feuert. Ich höre es brutzeln und knistern, das Korn, das uns nährt, brennt. In mir? Die Fegefurcht! Es frisst mich der Neid vom Traum der Träumenden, der sich im Rauch darüber erhebt. Ich liege und laiche, ein Versatzstück, für Gold versetzt. Veräußert mich für mein größtes Laster. Zu leuchten vermag ich nicht, zu glänzen glückt mir kaum. Alles, was mir gelingt: ein Glimmen. Dich nennt man Dämmerung. Man kennt dich dunkel. Mir geht nicht ein, dass uns die Luft ausgeht. Mir geht nicht ein, dass wir eingehen. Jeder Morgen ein Grauen, in dem es mir dämmert, dass es in mir dämmert. Mein Herbstherz aufgestachelt von eurem Gehölz im Hinterkopf. Im Wald breitet ihr euch aus und in den Lebern der Hirsche. Ihr seht meinen Leib und sehnt euch danach. Zerschunden. Und verwoben. Aufgesponnen. Eingezwickt. Da rieseln schwarze Hollerbeeren durch meine Finger, als wären es eure Pupillen, auf mich gerichtet und gegen mich, euer Lachen ein Aderlass ohne Unterlass. Schmählich mein Aufkeimen, ich Setzling im eigenen Keim erstickt. Unter meiner

Maske fletscht ihr eure Zähne, Grimassen im Körpergrab. Ihr höhlt mich aus und holt mich ein.

Alles, was ich mir noch zutraute, war ein Winterschlaf. Ich schlief drei Wochen und träumte schlecht. Ich träumte von den Jahreszeiten, die sich in Turmschneckenhäusern verkrochen, aus denen ich versuchte, sie wieder herauszuziehen, doch sie hielten sich fest, stemmten sich gegen die Innenwände mit allem, was sie hatten, und ich war fuchsteufelswild und erbarmungslos. Nichts blieb ihnen übrig, als den stechenden Tag und die Dunkelheit im Vierteltakt zu bevölkern, sodann der Morgen nun Frühling hieß, der Mittag Sommer, der Abend Herbst und die Nacht Winter. Ich wollte den Lebensprozess beschleunigen. Ich träumte vom Tiefseeboden, von Glanzgesichtern und unterirdischen Sandstürmen. Die an den Muscheln angewachsenen Seepocken sangen ein Loblied auf den Tod ihrer Infiltrierer, denn jetzt, da ihre Bewohner verrottet waren, klangen sie wieder hohl, und wer hohl klingt, dem ist nicht mehr zu helfen, aber auch nichts mehr zu nehmen. Ich wollte wieder hohl werden.

Brackwasser ergoss sich aus meinem Mund, und jetzt wache ich auf mit dem Meer in mir, das mich verwässert, das sich durch mich entwässert, um wieder Land zu gewinnen, mein Land, ein weichgeklopftes Fleisch, träge und lasch, aufgedunsen und angeschwollen, angeschwemmt und nahezu leblos, alles nass, um mein Schlafgemach herum ein Gemisch aus Schaum, Seegras und Kummerkrebsen, und am Boden nur die Spuren von demjenigen, der ohne seine Verwachsene wildert, um in ihr weiterzuwuchern. Der Entschluss des Freiwilds steht fest: Ich muss flüchten, bevor mir der Gnom den Kopf verdreht und das Genick bricht. Dem Licht zufolge musste es später Mittag sein, aber wer weiß das bei Dauerdämmerung. Die Rede schreibe ich mit meinem eigenen Blut, doppelt hält besser, und gegen die geschriebene Sprache kommt er nicht an. Ich ziehe meine Haut aus, um keinen Zweifel an mir zu lassen. Ich bemerke Wurmlöcher in meinen Armen, als wären sie durchfressene Tischbeine, und als ich mit meinen Fingern über diese minimalistische Maserung streiche, über dieses organische Höhlensystem, fühle ich fremdes Fleisch. Ich ahne, ich bin nur der Trabant dessen, was ich im Begriff bin zu erreichen, und womöglich lange ich nicht einmal dorthin. Je mehr ich mich meinem Heimatdorf nähere, desto mehr entferne ich mich von mir selbst. Die Grabrede allerdings möchte ich den Gläubigen nicht schuldig bleiben.

Darum haste ich ein letztes Mal in die Geschichte. Ich haste in die Geschichte hinein wie aus der Keusche hinaus, weil man mir versichert hat, meine Geschichten wären immer so lange, wie die Autorin Atem hat, und ich möchte sie erzählen, bevor mir die Luft ausgeht. Ich haste also in die Geschichte hinein wie aus dem Narrenturm hinaus, in dem er mich verbarg, in dem ich mich verbog, wenn ich von unseren letzten Tagen erzähle. Er ließ sich immer alle Türen offen, die er mir verriegelte, so entweiche ich durch seine letzte Hintertür, die sperrangelweit offensteht, vermutlich mit Absicht, vielleicht mit Vorsatz. Mein Schatten schlägt sich durch bis zum Horizont, mein Herz bis zum Hals, ich weiß nicht, aus welcher Richtung er kommt, aber ich weiß, dass er kommen wird. Ich sehe ihn schon, wie er über seine leere Behausung grollt, wie er sich über die Berge hechtet, wie er über die Klippen und Gletscherspalten springt, als wären es Pfützen, eine Gämse im Hochgebirge, der Föhn, der ihm seine Fransen zurückschlägt, sein kriegerischer Schritt, als wäre er imstande, die Zeit zu überwinden. Irgendwo zwischen oben und unten lege ich Feuer, und als es zu lodern beginnt, steht hinter mir der Aufhocker, der in der Nacht noch auf mir saß, um mein Schlafgesicht zu studieren, um mich mit seinem Leben zu beschweren.

Ich muss zum Begräbnis, sage ich, ohne mich umzudrehen, zaubere die Grabrede aus der Manteltasche und strecke sie in die Luft.

Er sagt nichts, rührt sich kaum, aber ich spüre sein Unbehagen.

Hat es dir die Sprache verschlagen, frage ich ihn, *verschlagener Bräutigam! Niemand hat mir erklärt, wie ich mit dir umgehen soll, wenn du umgehst!*

Der Gnom schleppt sich nach vorne, er hinkt, und jetzt lässt er sich ins Gesicht schauen: Es ist verschorft und abgebrüht, rot vom Feuerschatten, der sich zwischen uns auftut. Anstelle der Augenbrauen treten Baumschwämme wie Wülste hervor. Erstmals höre ich ihn um Luft ringen. Er atmet schwer, etwas in ihm pfeift.

Wenn du gehst, dann gehe ich vor die Hunde, beginnt er leise.

Was glaubst du denn, warum ich gehe! Wenn ich geh, geh ICH vor die Hunde. Ich gehe jetzt.

Geh im Sommer! Inmitten von Hundstagen, wenn alles schmatzt und schwitzt.

Damit du dir die Mundwinkel mit frischen Leichentüchern abtupfst? Damit du weiß und gestärkt daraus hervorgehst? Ich geh jetzt! Meine Schatten reichen schon bis zum Horizont, ich bin schon dort drüben, sie schlagen sich durch das Kleinholz im Tann. Töricht, dass ich mich hier verstecke? Wo mein süßliches Fleisch durch deine herben Pilzsporen spurt?

Lass den Unfug! Du weißt, dass ich dich überall finde. Und ich weiß, dass du mit mir gerechnet hast. Du rechnest immer mit dem Schlimmsten. Worst Case, Miss Waterloo. Apocalypse now and now and then.

Ich rechne mit dem Schlimmsten, um im besten Fall positiv überrascht zu werden. Im Grunde nennt man das einen optimistischen Realismus. Es ist doch immer dasselbe: Einer liegt auf der Lauer, ein anderer ist auf der Hut. Seit ich dich kenne, bin ich auf alles gefasst. Doch so jemanden wie dich könnte selbst eine wie ich sich nicht ausmalen. Du bist schlimmer als der Vater und die Mutter zusammen. Sie haben mich zumindest in Frieden gelassen.

Wenn du damit *vernachlässigen* meinst. Wusstest du, dass grobe Vernachlässigung im Kleinkindalter schwerer wiegen soll als jedes Kriegstrauma? Jede Depression hat eine Ursache. Es gibt Studien über posttraumatische Belastungsstörungen…

Du bist ekelhaft. Scher dich zurück in den Tartaros, wo du herausgekrochen bist, du Arschwarze des Teufels!

Wie Madame wünschen. Der Gnom verbeugt sich vornehm.

Du liegst mir in den Ohren, du liegst mir auf der Leber, du liegst, du liegst, du liegst, du lügst! Du allein bist Urheber all dieser Ursachen. Und diese Ur-Sachen sind so alt wie die Menschheitsgeschichte selbst.

Ich bin dein selbstgemachtes Geschöpf, meine Schöpferin. Et voilà. Eine handgemachte Hausgeburt in deinem Hinterkopf. Ein treuer Gefährte auf all deinen Wegen des größten Übels und des stärksten Widerstandes, der, der es mit jeder falschen Fährte aufnimmt.

Du und ich, wir beide haben nichts miteinander zu schaffen, du bist lediglich das Resultat einer gescheiterten Umwelt, der Inhalt jeder Forensik, und am ehesten bist du eine Antheringer Anomalie. Du darfst die Ursuppe selbst auslöffeln, aus der du herausgeflossen bist. Du und deine grässlichen Kollegen. Diese störrischen Kreaturen. Meine geschundenen Eltern haben getan, was ihnen möglich war. Und wenn ihnen nichts mehr möglich war, haben sie mich nicht weiter behelligt.

Du meinst, als du dich nach dem Hundstod tagelang in deinem Zimmer eingesperrt hast und sie die Tür aufhacken mussten?

Das war Gefahr im Verzug.

Sie haben dich reden gehört.

Sie haben DICH reden gehört. Und sich vor meinem Schweigen gefürchtet.

Du hast das Viech mehr geliebt als jedes menschliche Geschöpf. Wieso warst du so lange nicht mehr an seinem Grab hinterm Stall, oben beim Sommerfeld? Dort liegt doch der Hund begraben.

Der Hund liegt in mir begraben.

Und in deinen Texten, Amen.

Dort, wo er begraben liegt, gehört mir nichts. Ich kann nicht mehr dorthin.

Alle haben dich irgendwann verlassen. Die Schwester nach Italien, der Vater zur neuen Frau, die Mutter zwischen CDK und Kirche. Ich habe mich nie verzogen, wenn es brenzlig wurde. Ich war bei dir, als du einen auf Bachmann gemacht hast. All die Brandlöcher in deiner weißen Divandecke, gestunken hat das!

Du hättest mich schlafen lassen sollen.

Du hast so unter der Vereinzelung gelitten, dass

ich uns verzweigen wollte. Wir haben mehr Zeit miteinander verbracht als du mit deinen eigenen Eltern.

Dauer ist kein Kriterium für Intensität und Nähe.

Ich habe dir eine Menge tragfähiger Trugbilder beschert, über einige hast du geschrieben. Jetzt willst du sie also brechen, gut. Der Nachtmahr und die Schindmähre: Wir waren immer ein gutes Paar.

Der Gnom tut ein paar Schritte auf das Eis des zugefrorenen Weihers, rutscht darauf herum, die Arme hinter dem Rücken verschränkt, bis es knackst.

Herrlich, dieses Geräusch, wenn etwas aufreißt!

Ich bin in dich eingebrochen und habe das Eisloch nach draußen nicht mehr gefunden.

Und jetzt pfeif ich aus diesem letzten Loch.

In dir ist's so finster.

Höllenherrscher sind Höhlenforscher. Irgendwann gewöhnst du dich daran. Ich kann im Dunkeln sehen. Ich kann dein Dunkel sehen.

Du bist mir zu stark geworden.

Meine Stärke ist doch bloß eure Schwäche.

Dann schnür mir endlich die Luft ab und bind dir die Last auf.

Take my breath away. Wie wär's mit einem Lied? Wo zwei oder drei in deinem Namen versammelt sind.

Hör auf!

Final Countdown? Du liebst doch Sarkasmus!

Und du liebst Sadismus.

Neulich ist mir etwas eingefallen, ein Text über Tiere.

Verschone mich!

Pass auf! Es wird dir gefallen, meine zoologische Zerlegung.

Manisch nenne ich das, deine Sucht nach Alliterationen. Das wird uns auch nicht retten.

In Fretten steckt Retten, wusstest du das?

Was denkst du denn?

Vielleicht gehört die Pein einfach dazu. Ohne Leid keine Erlösung. Aber Schluss jetzt! Hör zu! Er geht so. Der geile Bock und die lästige Wanze, also die Lästwanze, konkurrieren um die dumme Kuh. Aber das dumme Rindvieh hält den Rand, das dumme Rindvieh hält nur den Weltrand, von dem es abzustürzen glaubt, und seinen stolzen Körper, der einen ganzen Laster auf Stelzen trägt. Die Bachstelze stelzt ihnen heimlich hinterher, und hinter ihr? Der schlaue Fuchs! Der schlaue Fuchs, dem niemand auf die Schliche kommt. Niemand außer der Blindschleiche, diesem hinterfotzigen Männerzimmer, doch das sieht eh nix. Es riecht nur. Wieso verdrehst du die Augen? Ich dachte, du liebst sowas. Pass auf, warte! Es geht noch weiter: Dem schirchen Hund stellt niemand nach, überflüssig jeder Anstandswauwau? Nein. Nein! Denn er zerpflückt und rupft die Bordsteinschwalbe, reißt ihr die Federn aus und baut sich damit ein Flugobjekt, um die Fauna von oben zu kontrollieren, dieser Himmel- und Höllenhund. Bloß die Gewitterziegen haben ihn gewittert, den zerschundenen Körper der Bordsteinschwalbe, ihr nacktes Gemüt, und spannen ihm, dem schirchen Hund, diesem Daedalus-Dobermann, oder war's doch der Fuchs, jedenfalls spannen sie ihm Nornenfäden, in denen er sich verfängt, und entsenden ein Heer von Kanalratten aus ihren Käselöchern. Der Hornochse heuchelt Betroffenheit. Ach, komm schon! Jetzt kommt der Höhepunkt. In der Landeierfabrik dottert der Doktor von Schale zu Schelm wie ein Detektiv und zieht einen Eiweißdocht. Der Verdacht und die Spur führen zum Neidhammel, der unter dem Abendhimmel mit dem Schluckspecht alte Schnäpse versäuft. Sei's drum, du Scheißtrum, sagen sie sich.

Der Gnom hebt die Augenbrauen, wartet auf Reaktion. Lässt dann die Schultern hängen.

Keine Miene also. Nur Augenrollen? Du siehst aus wie eine Vogelscheuche, hast du je in den Spiegel geschaut? Mit deiner zerronnenen Schminke und den Medusa-Haaren. Wissen deine Leser, dass dein Aussehen deinem Ansehen schadet?

Dein Mich-Ansehen hat mich unansehnlich gemacht. Ein vierzigjähriges Mitansehen-Müssen ist nicht nichts.

Schade. Du dämonisierst mich also noch immer.

Nur weil du mich entmenschlichst und hospitalisierst.

Was ist das? Der Gnom zeigt auf das Kuvert.

Das geht dich nichts an.

Ach ja? Wieso steht dann mein Name drauf?

Du hast gar keinen Namen.

Jetzt zieht er eine Grimasse.

Du kannst dir zusammenreimen, was da drinsteht. So etwas Ähnliches wie:

Mein Herz ist ein Fenster, aus dem ich schaue.
Mein Herz ist ein Fenster mit Hinterglasmalerei.
Mein Herz ist ein Fenster von Eisblumen beschlagen.
Mein Herz ist ein Fenster vom All auf die Welt.
Mein Herz ist ein Fenster, aus dem ich mich lehne.
In der Hölle bin ich weg von diesem Fenster.
Mein Herz ist ein Felsen, von dem ich stürze.

Bravo! Der Gnom klatscht verzückt in seine Hände, stößt seine Stumpen aneinander, verletzt sich mit den Krallen, sodass etwas Blut über seine Arme hinunterläuft.

Du schreibst also wieder. Das ist doch ein Liebesbeweis. Der Lebensbeweis einer Randständigen.

Du packelst mit der Bürde. Wo ist die Horde? Deine Pestknechtparade?

Sie liegen dort drüben auf der Lauer, hinter den Hügeln.

Kavallerie?

Und Infanterie.

Sie lachen über mich.

Sie lachen mit dir.

Mit mir gibt es nichts zu lachen. Lösch endlich das scheußliche Morgenrot! Es ist mir im Hals steckengeblieben. Und mir ist nicht zum Lachen zumute, zu überhaupt nichts ist mir zumute. Du elendiger Genickbrecher und Sacküberstülper. Du kürschnender Kirmeskönig, du mit deinem Schweinskadaverkopf und deiner Schleimbeutelentzündungshaut. Ich hab dich satt. Scher dich zum Teufel, du Lump! Nichts kannst du zusammenlempern, was dich am Leben hält. Was hält dich am Leben?

Du!

Ich? Dein Wirt. Scher dich ins Wirtshaus, aber schleich dich aus meiner Stube!

Stubenhockerin.

Leichenfresser! Und Lebensbehinderer.

Lebensbehinderte!

Du Golem! Lächerlicher Leviathan, globiger Behemoth. Du zynische Saugglockengeburt. Du kryptischer Krüppel. Du hast dich auf mich draufgesetzt wie ein schwerer Mann, mich eingequetscht unter deinem Gewicht, aber ich habe einen langen Atem, er hält noch mindestens so lange wie unsere Geschichte. ICH allein entscheide, wann sie aus ist. Ich habe dir Geschichten aus meiner Kindheit erzählt, die mir die Ehrfurcht vor dem Berg entlockte. Der Berg zwingt einen zum Erzählen. Der Wald hört zu. Und der See schluckt. Füllt sich mit Geheimnissen und färbt sich durch sein Schweigen schwarz. Ich bin nicht bitter geworden, nur ein Stück weit heim. Ich brauche dich nicht mehr. Ich brauche euch nicht mehr, es ist alles einerlei.

Aber ich brauche DICH! Ich kann nicht ohne dich.

Deine Liebesschwüre sind nichts weiter als Grabgeflüster.

Niemand kennt dich so gut wie ich. Und du bist doch gerne jemand, der für andere da ist, der für jedes Untier ein Herz hat. Besonders für die besonders Hässlichen und Ausgestoßenen. Für alle Geschädigten, Geschändeten und Gegeißelten.

Wir werden alle gleich hässlich sein, sobald uns der Tod frisst, wenn die Maden und Larven unsere Haut, unser Fleisch zersetzen und wir nur mehr aus Knochen bestehen, dann, wenn unser Totenkopf so aussieht, als würden wir lachen, und Knochenanomalien und Fehlwüchse und Krankheiten zu etwas Besonderem werden, weil alles so monochrom geworden ist. Das hat Hand und Fuß, der Erdboden ist stabil, all die Luft...

Du redest also wieder wirres Zeug.

Du bist so etwas wie der Auswurf meiner Seele. Der Tiefpunkt in mir ist die Hölle in dir.

Der Tiefpunkt in dir ist die Hölle in mir.

Du BIST die Hölle!

Ich bin nur der Hall deiner Hölle. Der Resonanzraum deines inwendigen Brüllens. Ich bin dein Nebenplanet!

Du bist ein verfickter Nebelmagnet! Ein eitriges Magengeschwür. Du drückst mir auf die Bauchspeicheldrüse, sobald ich dich sehe, kommt mir das

Kotzen. Und ich bin mir selbst nicht mehr koscher. Ich stimme meinem eigenen Sein nicht zu, nicht hier, nicht jetzt, nicht in dieser Welt.

Was macht dich so zuversichtlich, dass es andere Welten gibt?

Das hier ist nur ein Bruchteil. Und ich habe anderes kennengelernt. In den Texten der Großen, da bin ich daheim. In den Texten der Großen wandle ich auf seltenen Erden, auf die ich mich zuweilen pflanzen darf.

»Arbeit, Sorge und Herzeleid ist der Erde Alltagskleid«. Der Gnom springt von einem Bein auf das andere.

Herrgott, musst du dich ständig lustig machen, so, als würdest du dich über alles erheben?

Verzeihen Sie, gnädiges Fräulein, ich möchte Ihnen letzte Ehren erweisen! Wann hast du dich das letzte Mal gewaschen?

Reinwaschung?

Wieso lässt du dich so dermaßen gehen?

Ich lasse mich gehen, weil du mich nicht gehen lässt! Ich fliehe jetzt vor mir.

Ich flehe dich an.

Es ist dieses Gewahrsein meiner eigenen Unzulänglichkeit.

Und wenn ich dich wieder in Gewahrsam nehme? War ich so schlecht zu dir?

Du warst der Einzige.

Wohl wahr. Ich bin dein Kontinuum. Der, der mit dir zusammenhängt.

Wenn du mein Kontinuum bist, ist es besser, mit Raum und Zeit zu brechen. Aufhängen statt abhängen! Ich häng dich ab oder ich häng mich auf.

Das haben schon viele vor dir versucht.

Ich bin deiner so überdrüssig. Dir und deiner Gefolgschaft. Schlittenfahren werd ich mit euch. Abfahren werd ich mit euch.

Nur zu. Ich bin jetzt schon das Gespött aller Geschöpfe. Eine wackelige Götterspeise.

Ich bin dein Leibeigener. Mehr mein Leib-Aneigner. Mein Leibeigentümer. Du bist mein Heterogen. Mein Schlagschatten.

Negativ. Ich bin dein Eigenschatten. Ich bin das Resultat deiner Träume!

Du bist das Relikt meiner Traumata.

Bin ich gedacht oder geschehen? Fingiert oder passiert? Der Gnom bewegt seinen Kopf von einer zur anderen Schräglage.

Bist du der Tod? Nein! Du bist schlimmer als er. Du bist der Krematoriumsgarant!

Ich bin nur der, der damit einhergeht. Ich bin die Gewissheit darüber.

Du bist der Knecht der Krepierkenntnis. Du bist der Kern meiner Krepierkenntnis. Du bist der Kern einer jeden Krepierkenntnis. Wüssten wir nicht vom Tod, gäbe es dich überhaupt nicht!

Nur weil dein Geschmack von Glück die Abwesenheit von Leid bedeutet?

Ich bin dieser schmerzlichen Welt so überdrüssig. Du bist der Verdruss.

Wieso dann zwischendurch der Rappel? Und dann wieder die Euphorie?

Der Rappel: weil das alles auch kürzer gegangen wäre. Die Euphorie: weil alles Leid einmal ein Ende hat. Weil das Ende einer existenziellen Erschöpfung Erlösung bedeutet. Mindestens ist der Tod eine schmerzfreie Schneise.

Was, wenn danach noch mehr Leid ist? Ewiges Leid!

Theatralischer Tölpel!

Zweifelst du am Teufel?

*Teufel und Zweifel: die alte Zwillingsmissgeburt!
Allein dein Gesicht ist eine ewige Schattenseite.
Ein Reaktorunfall.*

1986, du warst drei. Und wieder allein in der Blumenwiese. Da hast du mich zum ersten Mal gesehen. Ich dachte noch, du schaust in den Wald, aber du hast mich genau erkannt.

Und dein Parasol-Personal um dich herum. Gewachsen sind die, dass ich eine Freude hatte. Genauso wie die Riesenkürbisse am Misthaufen, weißt du noch?

Der Gnom seufzt. Wie wäre es denn mit Sertralin, Xanor und dem ganzen Scheiß? Dir ist es doch eine Zeit lang gut gegangen mit dem Zeug.

Das ist nichts weiter als eine Wurmkur angewandt auf Krebs.

Aber was mich nicht umbringt, macht dich nur stärker.

Mich fröstelt's. Ich fremdle. Du herbstelst. Die Zwerchfelle hab ich mir schon abgezogen und über den Lattenzaun geworfen, der meine lädierte Lunge umgibt. Riechst du den Moder? Den Schimmelgestank, die Kartoffelfäule zwischen deinen Zehen? Den Leichenmief? Da kratzt es im Hals. Der Tag erhebt sich schon über mich. Die Sonne wird wieder zuschauen und lachen. Mich aufbrennen. Sich einprägen. Der Tagesrhythmus pulsiert mir im Genick.

Der Gnom senkt den Kopf, watet durchs Laub.

Mit Verlaub: Das Laub wird laut. Lauter verfaulte Nester. Nichts mehr zum Nisten. Ich habe abgeschlossen, ich bin mir sicher. Es tut mir leid.

Hattest du etwas zu beanstanden?

Nichts, außer dir. Außer dir ganz und gar nichts.

Deine Lebensbilanz?

Nicht gelungen. Durchgefallen. Wir sind alle Gescheiterte. Ein alter, verrotteter Scheiterhaufen. Wenn wir sterben, scheitern wir am Leben. Wären wir unsterblich, scheiterten wir am Tod.

Dann verneinst du das Leben?

Im Gegenteil. Du kapierst es nicht. Ich liebe es und verneige mich davor. Jede Lebensverneigung ist eine Todesverneinung.

Dein letzter Wille?

Mein Widerstand gegen dich. Ich setze dir die Trägheit meines Herzens entgegen. Was träge ist, ist widerständig. Was träge ist, ist unbeirrbar. Eine Gerade. Mein Herz ist nicht krumm. Und die Trägheit ist auch die Widerstandskraft, die ein Körper, ich, einem von außen kommenden Bewegungsimpuls, dir, entgegensetzt, lies nach!

Ich komme aber von innen.

Darum habe ich Pech gehabt. Genau das ist die Krux. Und deshalb empfehle ich mich jetzt.

Und deine Grabrede?

Toten sollen Worte folgen!

Das ist alles?

Nichts ist alles, und alles ist nichts! In Ewigkeit, da wird es herbsteln, da wo es menschelt und an den Stränden muschelt. Begleitest du mich ein Stück?

Wohin? Zum Begräbnis?

Ja, zu dieser eigentümlichen Eigentümerversammlung. Haben doch alle ihre Besitzansprüche an die Toten.

Ich dachte, du hasst mich.

Ja, aber mit einem S, du Analphabet! Ich hab dich. So, wie man eine Krankheit hat.

Sie gehen noch eine Weile nebeneinanderher und diskutieren darüber, ob sich Muttergottes und Gott zueinander verhalten wie Huhn und Ei, ehe sie von der Prozession der Trauergesellschaft geschluckt werden. Als der Sarg eingelassen wird, sehen sie beide auf ein Gesicht, das ihnen geläufig ist. Vor ihnen liegt eine Hintengebliebene.

36
Simbacher Auffangbecken: Gemeint ist das Kraftwerk Braunau-Simbach, ein Laufwasserkraftwerk am unteren Inn, die erste Staustufe nach der Mündung der Salzach in den Inn.

Salzachsuizidler: Menschen, die den Freitod in der Salzach wählen. Die Salzach entspringt in den Kitzbüheler Alpen und fließt u.a. durch Salzburg, Anthering und Oberndorf, bevor sie in den Inn mündet.

47
Antheringer Anomalie: Gemeinde im Norden des Bundeslandes Salzburg, Herkunftsort der Autorin.

48
CDK: Geläufige Abkürzung für die Christian-Doppler-Klinik Salzburg, in der u.a. Menschen mit psychiatrischen Erkrankungen medizinisch versorgt werden.

Nachbemerkung

Dieser Band versammmelt drei Texte, die für Helena Adler als abgeschlossen galten, aber nie im Druck erschienen sind. Der kürzeste, »Unter die Erde«, auf Einladung des ORF Landesstudio Salzburg entstanden, war im September 2022 in Radio Salzburg zu hören. Die beiden anderen, »Ein guter Lapp in Unterjoch« und »Miserere Melancholia«, entstanden zwischen November 2022 und April 2023, wurden im Hinblick auf eine angestrebte Teilnahme beim Bachmann-Wettbewerb im Rahmen der Tage der deutschsprachigen Literatur 2023 in Klagenfurt geschrieben. Für die Einreichung hat sie schließlich »Miserere Melancholia« den Vorzug gegeben. Trotz einer Einladung des Jurors Klaus Kastberger blieb ihr die Teilnahme versagt, nachdem bei ihr im Juni 2023 ein Gehirntumor diagnostiziert wurde. Die unmittelbar darauf eingeleitete Therapie machte einen Auftritt vor Ort unmöglich.

Die drei Texte sind Teil eines Manuskripts für einen geplanten Band mit Erzählungen und Kurzprosa unter dem Titel »Die Atmung der Liebenden mit Anomalien«. Sie sind über mehrere Motive miteinander verbunden, vor allem aber über ihre Grundstimmung: die Schwermut. Was passiv erlitten wird, wird darin sprachwuchtig und zornig vorgetragen. Das äußert sich, schon in ersten lyrischen Texten und nicht zuletzt in ihren Romanen »Die Infantin trägt den Scheitel links« (2020) und »Fretten« (2022), in einer Bewegung vom »Herkunftshader« über den »Existierzorn« zur »Ablebewut«.

»Miserere Melancholia« bildet das Kernstück des vorliegenden Bandes. Der Text ging aus einer Auftragsarbeit für die Tiroler Volksschauspiele Telfs hervor, die eine intensive Beschäftigung mit der personifizierten Todsünde der Trägheit, der Acedia, angestoßen hat, die Helena Adler ähnlich versteht wie die Melancholie. Sie liebte Dürers Kupferstich, und auch andere Maler waren Begleiter bei dieser Beschäftigung: Bosch, Breughel, Courbet, Füssli, Munch, Kirchner, Kubin, besonders aber José Gutiérrez Solana. »Under depressure« war ein früher Arbeitstitel, »In mir liegt mein Hund begraben« ein anderer: Sie benennen eine tiefe Traurigkeit.

»Ich habe mich gefragt: Warum bin ich oft so depressiv, was stimmt mich melancholisch? Und

in meinem Fall glaube ich, die Antwort zu kennen. Ich bin schwermütig, weil ich das Leben hier in seiner ganzen Pracht so liebe. Mit all den Menschen, die ich liebe.«

Ein weiterer Arbeitstitel, »Zwiegespräch mit einem Zangengeborenen«, markiert den Übergang zum zweiten Teil des Textes, einem dramatischen Dialog mit dem »Schwermutsdämon«, für den die Autorin immer weitere Protagonisten für ihre mythologisch durchsetzte Personifizierung der Schwermut entwirft, mit der sie eine schicksalhafte Symbiose verbindet: Golem, Gnom, Mistkerl, Bastard, Widerling, Giftköder, Podsol, Creep, Pest, Ekel, Abscheu, Ausgeburt, Abort...

»Es handelt sich um ein Zwiegespräch zwischen der Protagonistin und ihrer eigenen Acedia-Ausgeburt. Der Schwermuts-Dämon stellt sich als allgegenwärtig dar, manchmal ist er übermächtig, dann wiederum ist sie ihm überlegen. Sie erlebt ihn teilweise als von ihr entkoppelt und im nächsten Moment wieder als symbiotisch oder parasitär.«

Die Auseinandersetzung mit der Acedia als Todsünde öffnet ihr den religiösen Kontext. Der hl. Antonius erleidet seine heftigste Versuchung durch die Acedia, die Trägheit der Seele, das Laster aller Laster, von Matthias Grünewald im Isenheimer Altar dramatisch illustriert (siehe Coverbild). Für die Aufführung im Rahmen der Tiroler Volksschauspiele Telfs (inszeniert von Gregor Bloéb, mit Gerti Drassl und Bernhard Bettermann) erarbeitete Helena Adler noch eine korrigierte Version des Textes, deren Schluss den endgültigen Titel fixiert: »Miserere«. Darin löst sich der Dämon in Licht auf, und dem Purgatorium folgt ein Paradies. »Miserere«: eine Formulierung aus dem Agnus Dei, die sich im katholischen Kontext ihrer Herkunft tief in sie eingeprägt hat. Wie Grünewalds Lamm steht sie am Ort des schwärzesten Schwarz, dem Vantablack ihres ersten Buches, »Hertz 52« (2018), benannt nach dem einsamsten Wal der Welt, der als einziger auf einer für ihn charakteristischen Frequenz singt.

Miserere nobis.

Thomas Stadler, April 2024

Inhaltsverzeichnis

Ein guter Lapp in Unterjoch   5
Unter die Erde   27
Miserere Melancholia   31

Nachbemerkung   69

Helena Adler, geboren 1983 in Oberndorf, gestorben 2024 in Salzburg. Sie studierte Malerei am Mozarteum sowie Psychologie und Philosophie an der Universität Salzburg. Ihr Roman »Die Infantin trägt den Scheitel links« stand 2020 auf der Longlist zum Deutschen und auf der Shortlist zum Österreichischen Buchpreis. Zuletzt erschien der Roman »Fretten«, auch mit ihm war sie für den Österreichischen Buchpreis nominiert.